I0704900

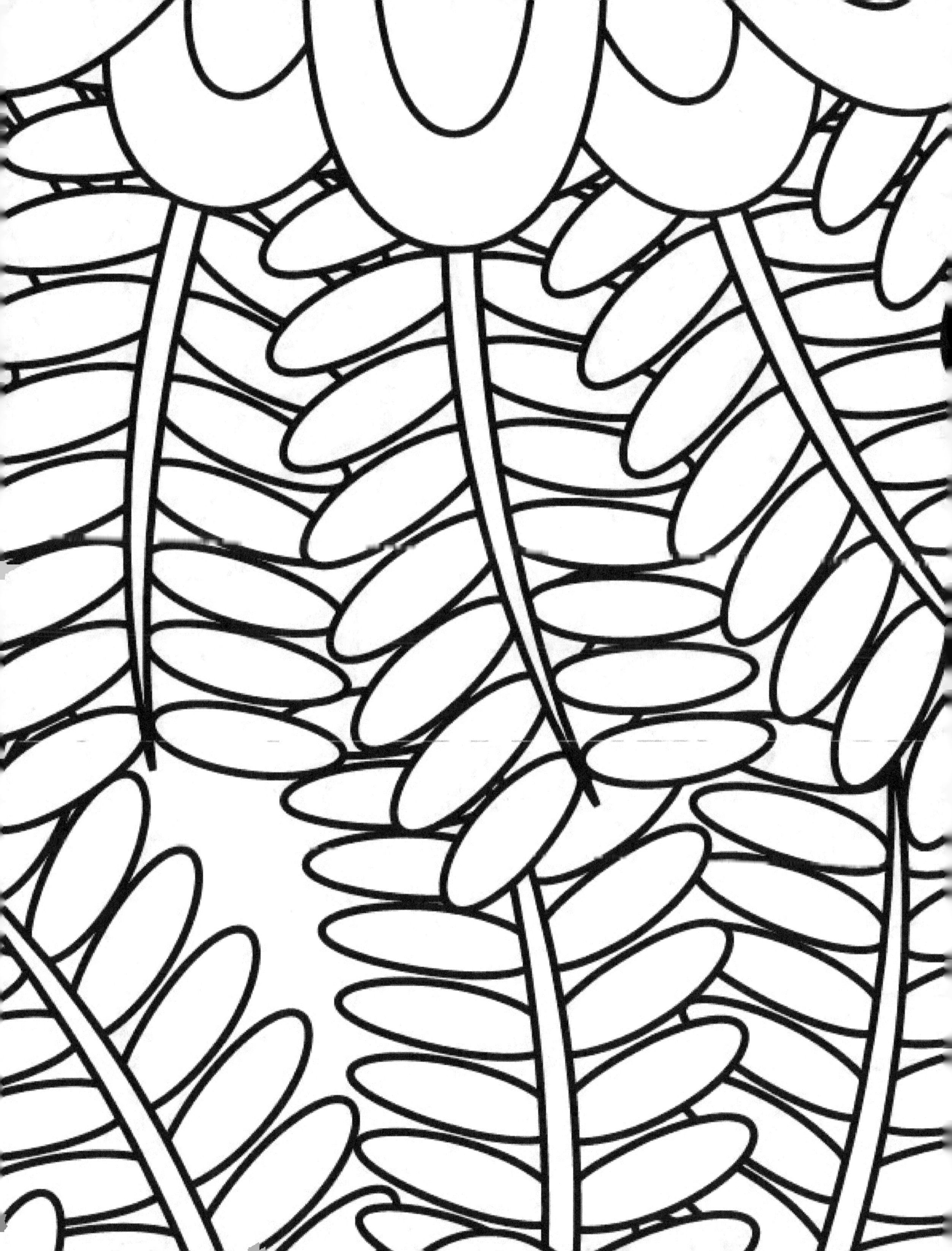

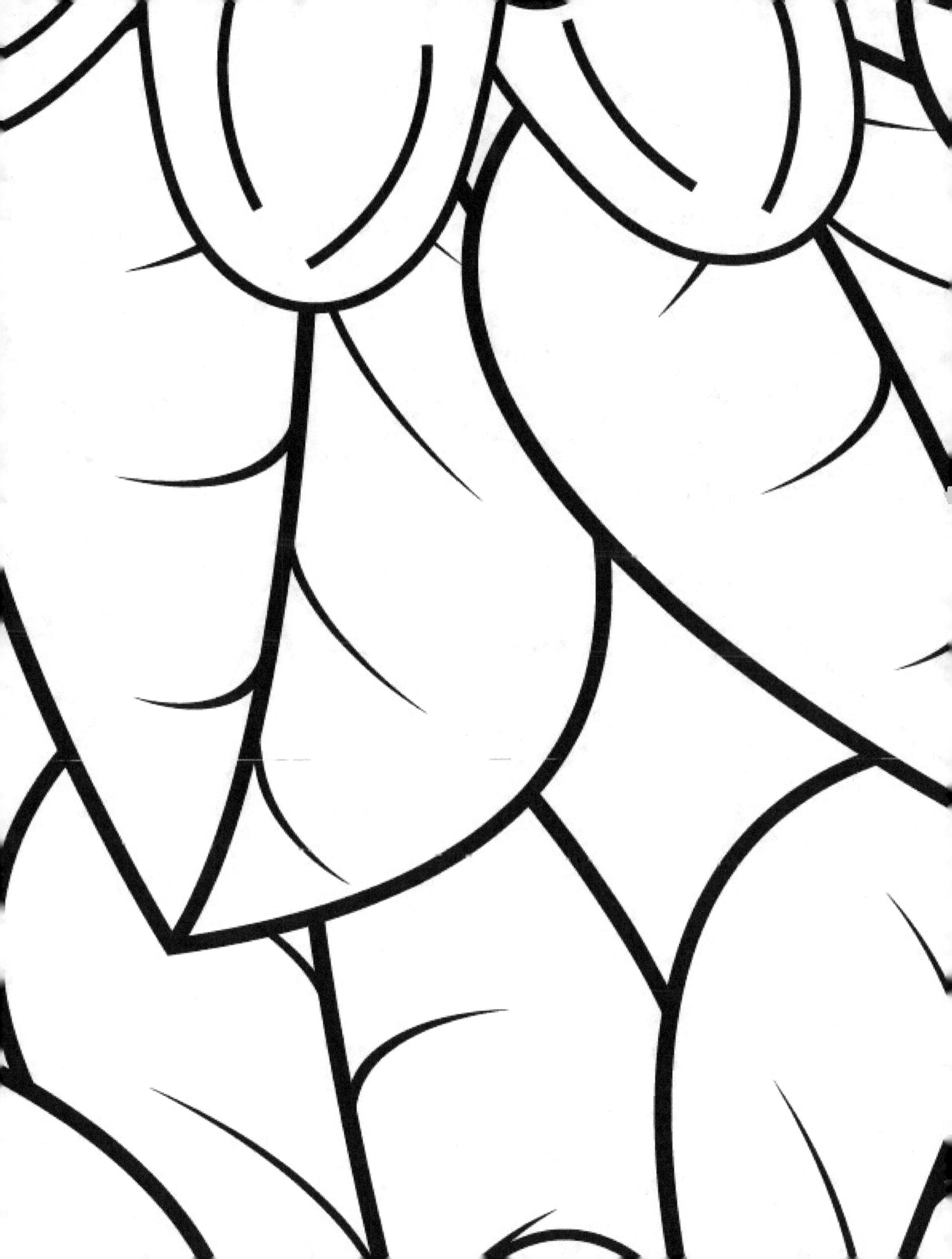

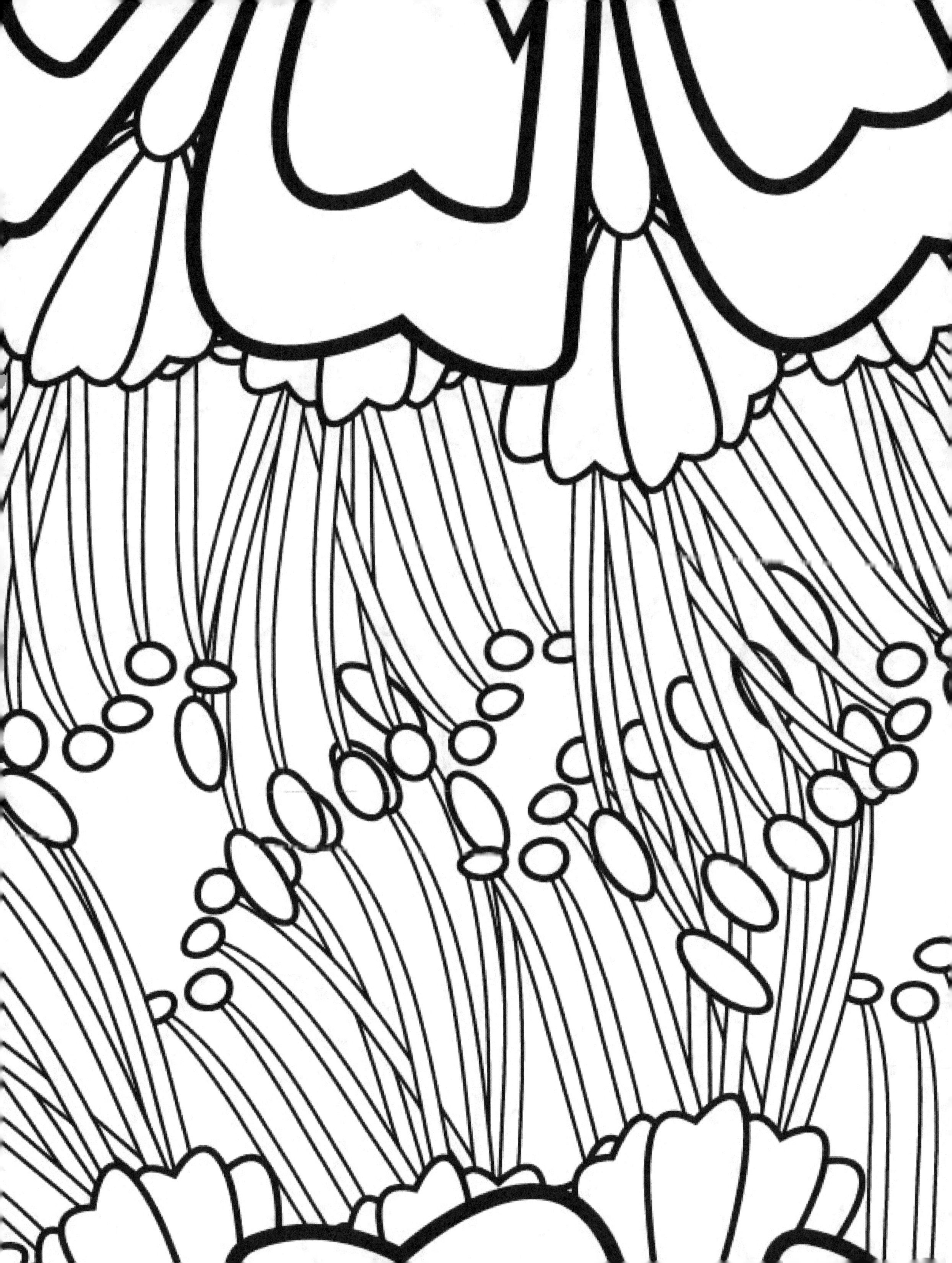

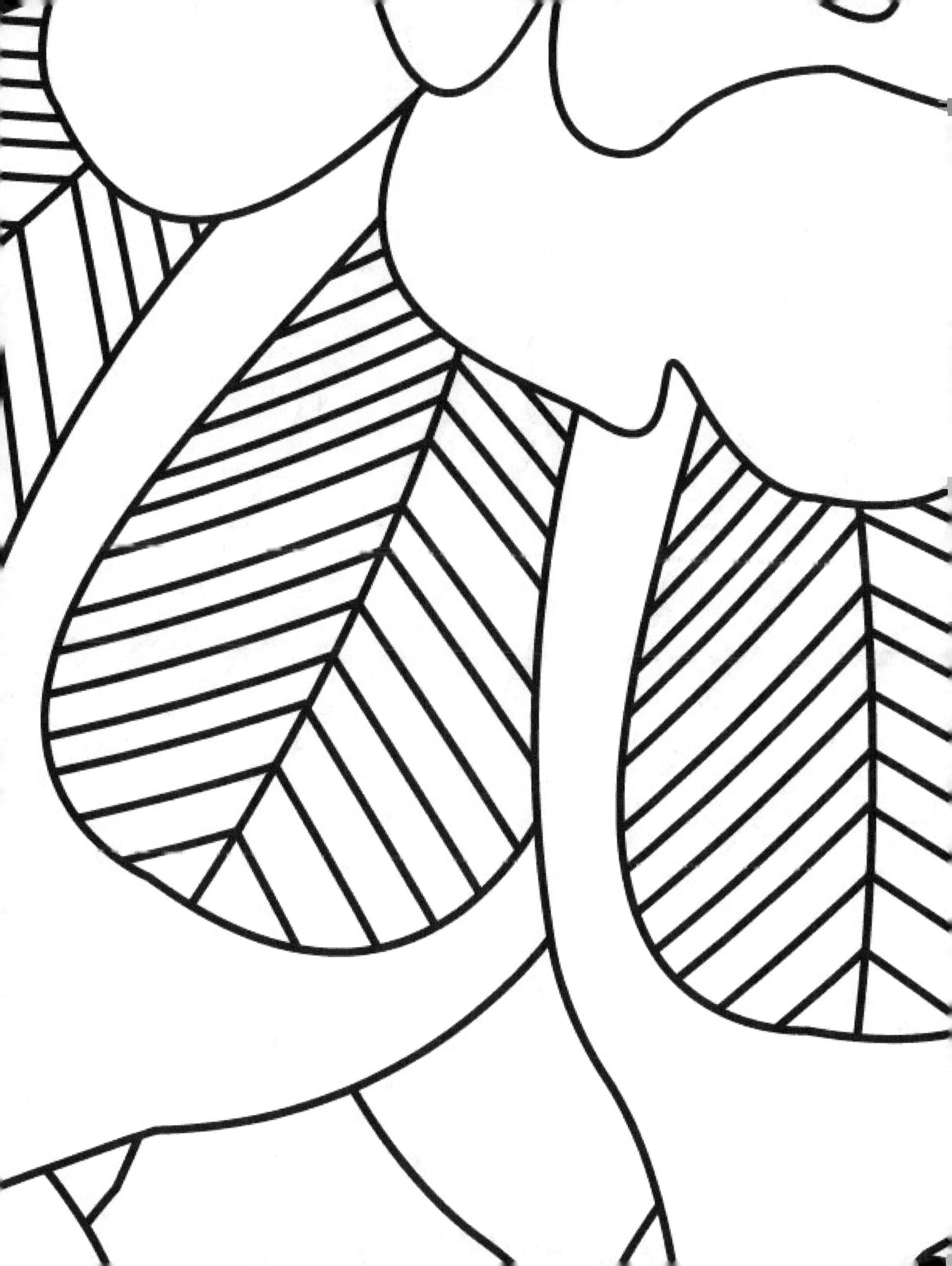

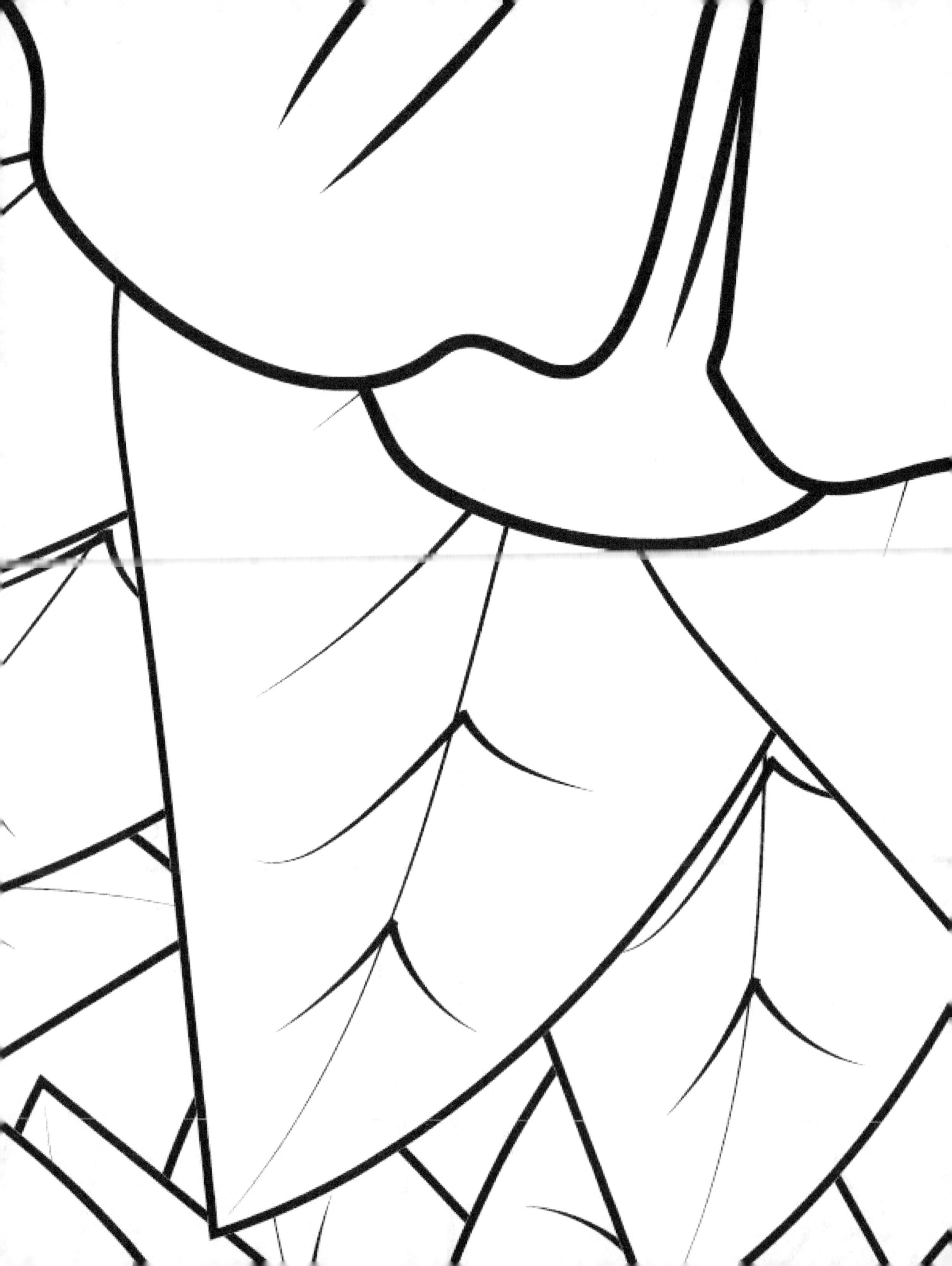

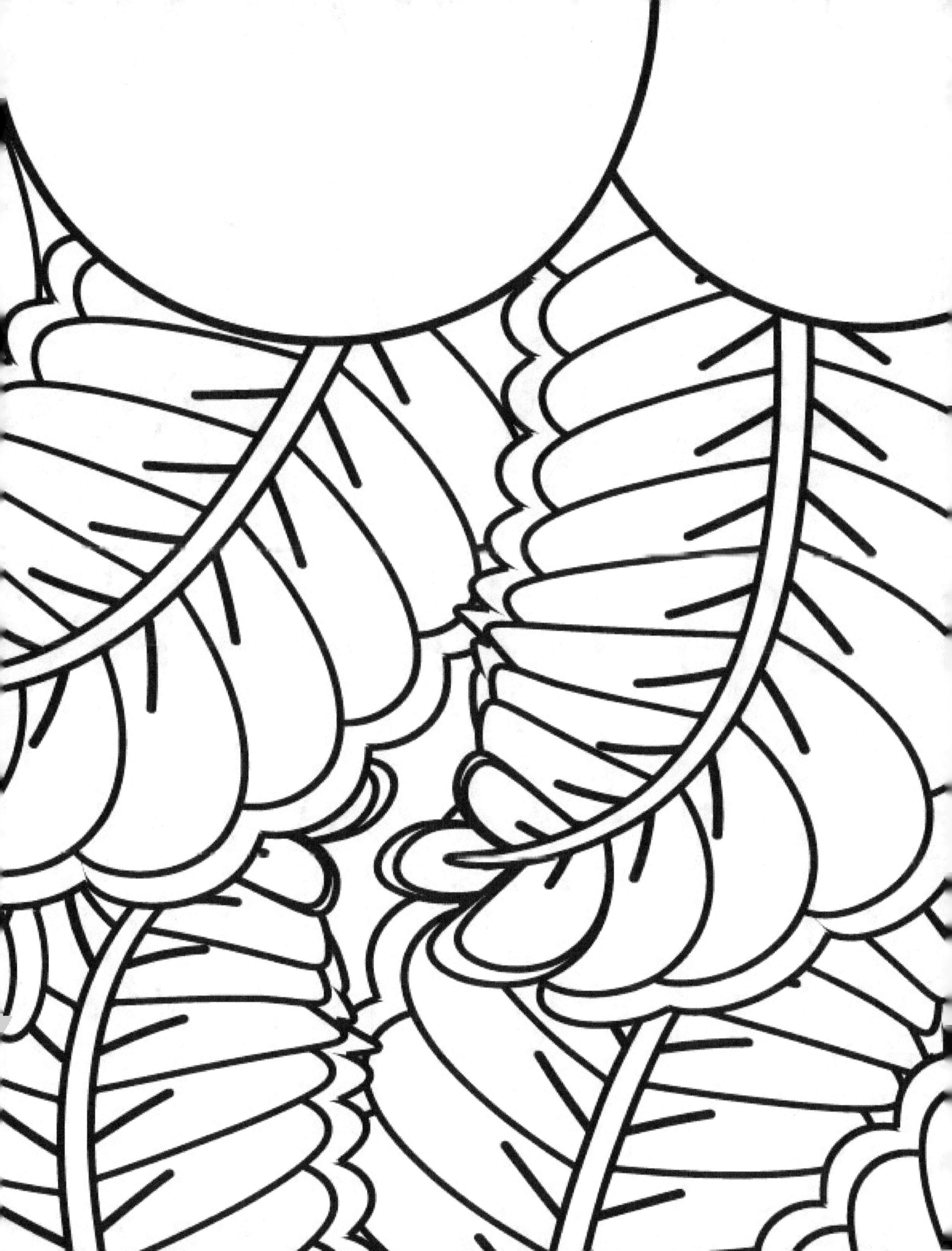

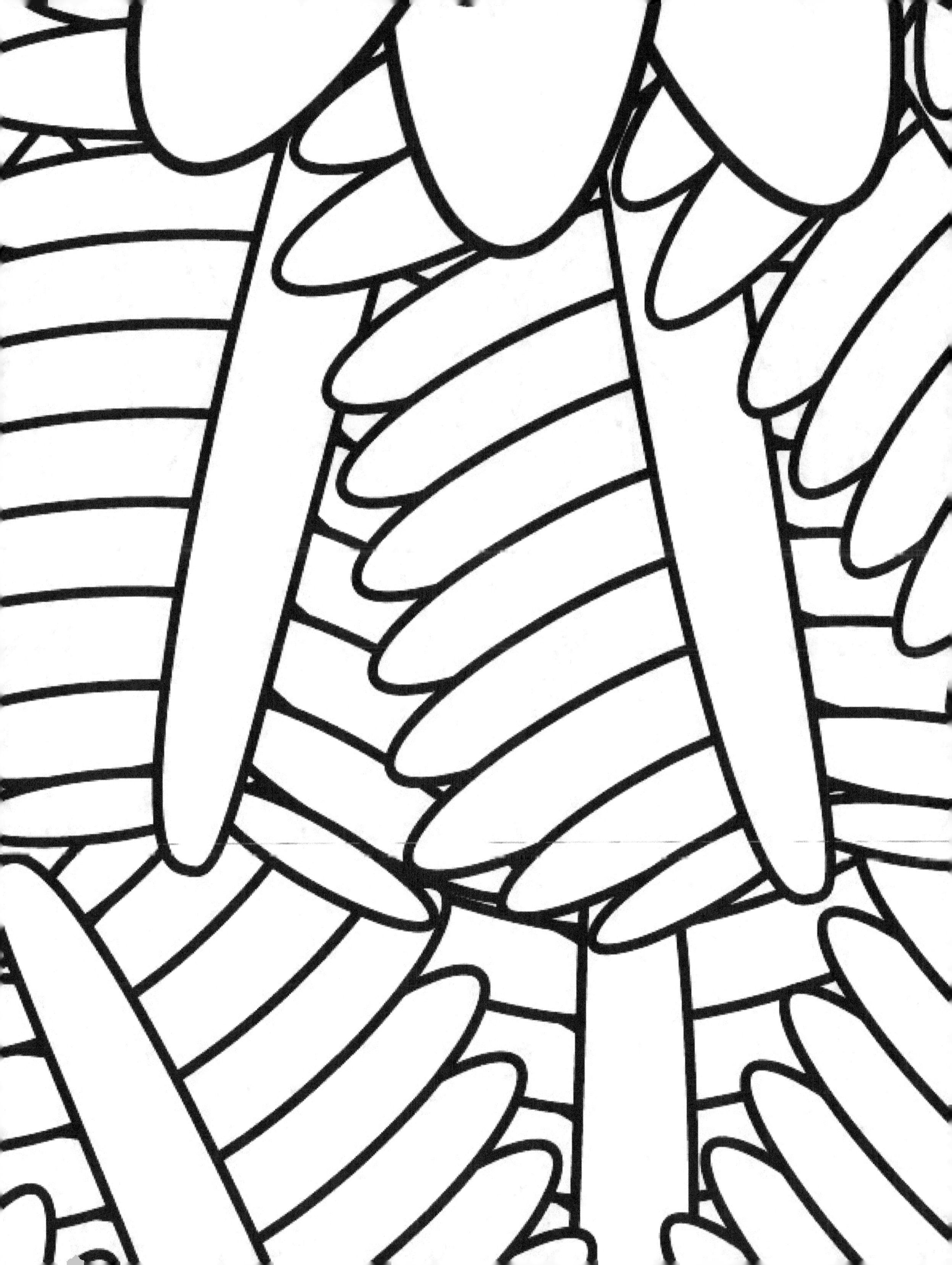